dtv

Shakespeare hat die Szene, die für den vorliegenden Band mit dem Titel »Die Fremden« überschrieben ist, mutmaßlich um 1604 verfasst. In ihr versucht der berühmte Humanist Thomas Morus einen gewalttätigen Aufstand der Londoner Bevölkerung gegen Flüchtlinge aus Flandern und Frankreich mit einer Mahnrede zu beruhigen.

Die Szene ist aus zweierlei Gründen bedeutsam. Zum einen ist sie die einzige überlieferte literarische Handschrift Shakespeares. Erst in den letzten Jahren konnten Experten seine Urheberschaft mit Hilfe moderner elektronischer Verfahren verifizieren. Zum anderen trifft die große Rede des Thomas Morus auf eine aktuelle Thematik – die Flucht Hunderttausender aus dem syrischen Kriegsgebiet nach Europa. »Ein Aufruf zu tätigem Mitgefühl«, wie Volker Weidermann im SPIEGEL schreibt, »angesichts der umherirrenden Opfer jener Zeiten des Umbruchs, in denen Shakespeare lebte und in den wir wieder leben.«

William Shakespeare (1564–1616), in Stratford-upon-Avon als Sohn eines Handschuhmachers geboren, zog in jungen Jahren vom Land nach London und wurde Schauspieler und Bühnenschriftsteller. Auch als Lyriker erwarb er sich überzeitlichen Ruhm. Er gilt bis heute als bedeutendster Dramatiker der Weltliteratur.

Frank Günther wird nach vierzig Jahren Arbeit am Werk William Shakespeares bald sämtliche seiner Stücke übertragen haben. Er wurde mit zahlreichen Preisen ausgezeichnet. Sein Buch ›Unser Shakespeare‹ war ein SPIEGEL-Bestseller.

William Shakespeare

Die Fremden

Für mehr Mitgefühl

Herausgegeben und
aus dem Englischen übersetzt
von Frank Günther

Mit einem Vorwort
von Heribert Prantl

VORWORT

Heribert Prantl

Wenn wir Flüchtlinge wären

Pegida hieß zu Shakespeares Zeiten noch nicht Pegida; aber die Hetzreden gegen Flüchtlinge waren damals so, wie man sie heute von Pegida hört. Es gab den Hass, es gab die Hetze, und es gab Angriffe auf die Menschen, die aus Frankreich und aus Flandern gekommen waren und in London Schutz suchten; es waren Glaubensflüchtlinge, die zu Hause ihres Lebens nicht mehr sicher waren.

Es grassierten damals die nämlichen Vorurteile gegen die Hugenotten, wie sie heute gegen die Muslime grassieren; und es gab Einheimische, die meinten, sie müssten sich mit Gewalt gegen die Fremden wehren. Der Aufstand der Anständigen dagegen hieß noch nicht Aufstand der Anständigen, aber es gab auch damals den großen Appell an den Anstand und an die Menschlichkeit, wie ihn Shakespeare für Thomas Morus formuliert. Sein Appell, der in dieser Schrift abgedruckt ist, ist ein Appell, der den Leser anrührt und packt, der ihn aber, im Wissen um die Vielhundertjahre, die seitdem vergangen sind, auch fast resignieren lässt. Die Rede von Shakespeare & Morus ist eine historische Rede – nicht nur, weil sie schon so alt ist; sondern weil sie noch immer gilt. Ein Thomas Morus von heute müsste nämlich den Appell fast genau so wieder halten wie der Thomas Morus von damals. Das ist nicht tröstlich, das ist zum Verzweifeln.

Gewiss: Zu Shakespeares Zeiten gab es noch keine Flüchtlingskonventionen, keine Charta der Menschenrechte und keinen europäischen Grundrechte-Katalog. Es ist ein gewaltiger Fortschritt, dass es dies alles gibt, dass sich also die Völker und Nationen verpflichtet haben, Flüchtlinge zu schützen. Aber das Papier allein schützt sie nicht. Im Angesicht der Not der Flüchtlinge aus Syrien und den Hunger- und Bürgerkriegsländern Afrikas muss sich zeigen, ob all diese Konventionen mehr sind als ein Wasserfall von Phrasen. Wenn europäische Kernländer Menschen in höchster Bedrängnis nicht aufnehmen, weil sie angeblich den falschen Glauben haben, dann ist das ein Hochverrat an den Werten, deretwegen die Europäische Union gegründet wurde – und ein Vorwand für verbrecherische Hitzköpfe, vermeintliche Notwehr zu üben gegen die Flüchtlinge. Europa lebt nicht nur vom Euro; es lebt von seinen Werten, von der Glaubens- und Gewissensfreiheit, der Freiheit der Person, der Gleichheit der Menschen vor dem Gesetz und der Freizügigkeit. Europa lebt davon, dass es die Menschenwürde schützt. Die Menschenwürde ist nicht aus Seife, sie nützt sich nicht ab, nur weil es angeblich zu viele sind, die sich auf sie berufen.

Die Europäer sind stolz auf ihre Grundrechte. Zur Kernsubstanz dieser Grundrechte gehört die allgemeine Urregel, auf die sich Thomas Morus in seiner Rede beruft. Als Sprichwort lautet sie so: »Was du nicht willst, das man dir tu, das füg auch keinem andern zu.« Es ist dies die *regula aurea,* die Goldene Regel, die man mit Shakespeare, ins Positive gewendet, so formulieren könnte: Handeln wir, wie wir behandelt sein wollten – wenn wir Flüchtlinge wären.

Dieser Satz löst das *survival of the fittest* ab. Nicht Stärke und Anpassungsfähigkeit sind es, die das Leben sichern – nein, die Geltung des Rechts ist die Lebensversicherung. Es geht Shakespeare nicht nur um das Mitleid mit den Flüchtlingen, sondern um die Begründung des Rechts. Shakespeares Morus sagt, dass die Abwehr der Flüchtlinge gleichbedeutend ist mit der Abwehr des Rechts. Wer das Recht abwehrt, der verwandelt die Gesellschaft in ein Haifischbecken. Das Wesen des Rechts besteht darin, dass es aus dem Haifischbecken eine Gesellschaft formt.

»Handeln wir, wie wir behandelt sein wollten« – wenn wir Flüchtlinge wären. Dieser Satz ist also nicht nur eine Grundlage für die Gewissenserforschung von Staats- und Kommissionspräsidenten, er ist nicht nur moralische Handlungsanleitung für den politischen Betrieb und für jedermanns Alltag. Es handelt sich um eine Maxime, die Recht schafft. Als moralischer Imperativ allein trägt nämlich der Satz nicht. Denn die Vorstellung, selber so ein elender schutzbedürftiger Mensch zu sein, kann geradezu die Unmoral anstacheln, den Impuls, diese Fremden abzuwehren, weil man den Anblick der Hilflosigkeit nicht erträgt. Es ist jedoch gerade das Recht, das verhindern soll, dass man selbst schutz- und hilflos wird. Das zu erklären ist Aufklärung. Das tut Thomas Morus in der Rede, die Shakespeare für ihn schreibt. Und diese Aufklärung ist nie zu Ende. Sie ist immer und immer wieder notwendig, weil das Recht nicht einfach da ist und da bleibt, sondern immer wieder erkannt und verteidigt werden muss.

Die Gesellschaft in Deutschland ist – wie die in ganz Europa – hin und her gerissen zwischen aufgeklärter Hilfs- und Rechtsbereitschaft einerseits und Ratlosigkeit, Abwehr und Hetze andererseits. Viele sagen ja zu den Flüchtlingen, dahinter folgt, in verschiedener Größe, ein Aber; die Größe des Aber hängt auch und vor allem davon ab, wie die Politik agiert. Es gibt eine immer giftigere flüchtlingsfeindliche Szene, die nicht nur aber sagt, sondern zu deren Kommunikationsmitteln Unverschämtheiten, Morddrohungen und Brandsätze gehören; es ist dies eine Gesellschaft, die ein neuer Thomas Morus lehren muss. Vielleicht wird zu viel von denen geredet, geschrieben und gesendet, die Gift und Galle spritzen; vielleicht wird zu viel Aufhebens gemacht von denen, die nicht die Zivilgesellschaft, sondern die Unzivilgesellschaft repräsentieren.

Vielleicht wird zu wenig geredet, geschrieben und gesendet von denen, die nicht damit protzen, angebliche Tabus zu brechen. Es gibt Zigtausende von Menschen in Deutschland, die den Flüchtlingen helfen beim Deutschlernen, beim Umgang mit den Behörden, beim Fußfassen in diesem Land. Auch sie brauchen einen Thomas Morus – einen, der sie bestärkt, einen, der ihnen sagt: Wir handeln, wie wir selbst, wären wir Flüchtlinge, behandelt werden wollten. Das ist Mikropolitik, aber ohne diese Mikropolitik bleibt alles Reden von Integration Gerede. Diese Mikropolitik addiert sich. Zivilgesellschaftliches Handeln – das ist die Addierung und die Potenzierung von Mikropolitik. Diese Mikropolitik hat daher, wenn es gutgeht, nicht nur die Kraft, einzelne Leben zu ändern, einzelne Schicksale zu verbessern, sie hat auch die Kraft, die Makropolitik Europas zu verändern, sie nämlich so zu verbessern, dass sie ihre nationalen Egoismen aufgibt.

»Wir schaffen das« – das ist doch wirklich kein schlechtes Motto: Wir schaffen das. Das konkretisiert sich im Konkreten. Ich habe vor einiger Zeit ein großes Berufsbildungswerk für Jugendliche in Abensberg in Niederbayern besucht. Dort werden Jugendliche ausgebildet, die als Flüchtlinge nach Deutschland gekommen sind. Die Ausbilder dort machen wunderbare Erfahrungen: Trotz traumatischer Erlebnisse in der alten Heimat, trotz einer völlig anderen Herkunftskultur, trotz aller Fremdheit haben es Jugendliche binnen eines knappen Jahres, oft gar nur innerhalb von acht Monaten, geschafft, Deutsch zu lernen und sich durch betriebliche Praktika Ausbildungsstellen in den verschiedensten Handwerksberufen zu erarbeiten. Sie schaffen das! Sie schaffen das – als Bäcker, Metzger, Friseure, Maurer, Heizungsbauer, als Maler und Hotelfachleute.

Bei dieser Art von Fürsorge geschieht mehr, als diesen jungen Flüchtlingen eine Wohnung zu geben und Arbeit zu verschaffen. Es geschieht auch das, was man »Wertevermittlung« nennt. Wenn es gutgeht, wenn es ganz gutgeht, dann erlernen die jungen Menschen hier nicht nur die Berufe Bäcker, Metzger, Friseur, Maurer, Heizungsbauer, Maler oder Hotelfachkraft, sie lernen auch die Werte, für die dieses Land steht: die Gleichstellung der Geschlechter, die Religionsfreiheit, die Religionstoleranz und die Achtung von Minderheiten. All das kann man hundertmal in ein Gesetz schreiben, man kann die kräftigsten Integrationspflichtgesetze schreiben. Junge Menschen lernen all das nicht, weil es im Gesetz steht, sondern wenn und weil sie erleben, dass diese Werte gelebt werden.

Der Mensch braucht Heimat auch in flüchtigen Zeiten. Wer seine Heimat verloren hat, der braucht wenigstens ein wenig Heimat in der Fremde; die Fremde kann dann, vielleicht, hoffentlich, auch neue Heimat werden.

EINFÜHRUNG

Die hier folgende Szene stammt aus dem Arbeitsmanuskript für ein Theaterstück, das um 1600 verfasst wurde, aber wegen Einwänden des Zensors nicht zur Aufführung kam. Titel des Stückes ist *Sir Thomas Morus*: Es schildert biographisch Aufstieg und Fall des berühmten Humanisten, Staatskanzlers, Philosophen, Erasmus-Freundes und römisch-katholischen Märtyrers zur Zeit König Heinrichs VIII., Thomas Morus.

Das Manuskript nennt keinen Autor. Graphologisch klar unterscheidbar sind fünf verschiedene Handschriften, die »Handschrift A, B, C, D und E« benannt wurden. Es handelt sich somit um ein von fünf Schreibern im Kollektiv verfasstes Stück – ein in elisabethanischer Zeit durchaus übliches Schreibverfahren. Der philologischen Forschung ist es mit komplizierten Textanalyseverfahren gelungen, den Handschriften die Verfasser zuzuordnen: Demnach wurde das Stück von zwei Hauptautoren verfasst, Anthony Munday und Henry Chettle, und von drei Nebenautoren: Thomas Dekker, Thomas Heywood und – William Shakespeare.

Shakespeares Beitrag, »Handschrift D«, besteht aus einer Szene, in der Morus einen gewalttätigen Aufstand der Londoner Bevölkerung gegen die Fremden und Flüchtlinge aus Flandern und Frankreich mit einer Mahnrede zu beruhigen versucht.

Die Szene ist aus zweierlei Gründen bedeutsam. Zum einen ist sie das einzige handschriftliche Zeugnis, das von Shakespeare erhalten ist – mit Ausnahme von sechs Unterschriften. Shakespeare Urheberschaft wurde seit 1871 immer wieder vermutet; erst in jüngster Zeit konnte sie mit Hilfe moderner elektronischer Verfahren bestätigt werden. Die British Library stellt das Dokument im Rahmen des Jubiläumsjahrs zum 400. Todestag derzeit öffentlich aus.

Zum anderen trifft die große Empathierede des Thomas Morus auf eine aktuelle Thematik der Jahre 2015/2016: die Flucht Hunderttausender aus dem syrischen Kriegsgebiet nach Europa. Shakespeares Text wird in dieser Situation weltweit als Plädoyer für Menschlichkeit und Mitgefühl gelesen.

Die Szene wird für den vorliegenden Band mit dem Titel »Die Fremden« überschrieben.

weh gyd ffelld hym

whe rext auh[ ]e for
ffor to thÉ kyng god hath his offyce lent
of dread of Justyce, power and comaund
hath bid him rule, and willd yo to obay
and to add ampler matie to this
he hath not only lent the kyng his figure
his throne his sword, but gyven him his owne name
calls him a god on earth, what do yo then
rysing gainst him that god himsealfe enstalls
but ryse gainst god, what do you to yor sowles
in doing this o desperat as you are
wash your foule mynds wt teares and those same handes
that you lyke rebells lyft against the peace
lift up for peace, and your unreverent knees
make them your feet to kneele to be forgyven
~~is safer warrs then ever you can make~~
~~in in to yor obedienc, whose ar~~ lett the
th[ ] whis[ ]u so c[ ]u d[ ]ff[ ]e the noble state
at such you lawe your selfes to prov rebells
only stiel the will passe weak charity to transport
or some you wole rebell wth obstinat mynde
whose ffore it in a diuinytie it selfe
to quallifye a rebell, spake that dares straungers
hat shew not begiu therle uppehapt their bosom
and shade the multitu of lawes in law
to ffre you[ ] then in Court, ~~~~ [ ]e ordre the kyng
and for the ratement of his ffedle mournd
~~~~ this muuc rom to [ ]ke of your great fresst
~~~~ [ ]t to be straunge, yor uppehapt wold yor tox
rossd doun in yor the nature of yor owne
foule yere you banishd, yo yo[ ]e transe offendet
to am forsewher comrt to foene or portupale
thay thus wher ~~~~ they int deteste to fraylaud
ryse of most woldo to straungers, poote yo the straus[ ]e
to find a nation of such barbrous Import
that breakiny out in hiddious violence
wold not affond yo, an abode on earth
wt thep detested lyppes empred against the handes
spurne yo lyke doggs, and lyke as yf that god
owod not nor made not yo[ ], wht wold you thamke
wer not all appropriat to your comforts
but charterd unto them, what wold you thomke
to be thus used, this is the straungers case
and this your mountanish inhumanytye

fayth ds saud howe witte eo ad we, why do you this
noble but mull by yor marster moore yf yole stand our
frend to procure our padou yf

Submyt yo to thyse noble gentlemen
entreate thip comisoue to the kyng
goo yo the shast to fynd a doar, the maistrat
and thoch the beselt but mone, wht he fynd of S[ ] boe

WAS BISHER GESCHAH

Die ersten fünf, nicht von Shakespeare stammenden, Szenen folgen inhaltlich eng den Geschichtschroniken von Hall und Holinshed. Gezeigt werden gewalttätige Übergriffe der Fremden auf offener Straße gegen die Londoner Handwerker Williamson, Lincoln, Sherwin, George Betts und gegen Doll Williamson. Die Bürger beklagen, durch ihre Gehorsamspflicht seien sie gezwungen, sich von den Fremden alles gefallen zu lassen, und planen einen Aufstand.

Am Hof beraten die Adligen Earl of Shrewsbury, Earl of Surrey und Sir Palmer die angespannte Lage in der Stadt; man sorgt sich wegen des massiven Zorns in der Bevölkerung und wundert sich, wieso die vom König privilegierten Fremden sich derart gegen die englische Bevölkerung wenden. Man beschließt, statt gleich mit Gewalt vorzugehen, zuerst den beliebten Untersheriff Thomas Morus zu den Aufrührern sprechen zu lassen. Derweil ruft Lincoln seine englischen Mitbürger zu Brandstiftungen und Plünderungen auf …

Die Fremden

Scene 6

[Near St. Martin's]
Enter Lincoln, Doll, Clown,
George [Betts], Williamson, [Sherwin], others;
[Citizens and Prentices, armed]

LINCOLN: Peace, hear me! He that will not see a red herring at a Harry groat, butter at elevenpence a pound, meal at nine shillings a bushel, and beef at four nobles a stone, list to me.

OTHER/GEORGE: It will come to that pass, if strangers be 5
suffered. Mark him.

LINCOLN: Our country is a great eating country; *argo*, they eat more in our country than they do in their own.

OTHER/CLOWN: By a halfpenny loaf, a day, troy weight. 10

LINCOLN: They bring in strange roots, which is merely to the undoing of poor prentices; for what's a sorry parsnip to a good heart?

OTHER/WILLIAMSON: Trash, trash. They breed sore eyes, and tis enough to infect the City with the palsey. 15

LINCOLN: Nay, it has infected it with the palsey; for these bastards of dung, as you know they grow in dung, have infected us, and it is our infection will make the city

Sir Thomas Morus

6. Szene

Bei St. Martin's, dem Wohnviertel der Fremden.
Lincoln, Doll, Clown,
George Betts, Williamson, Sherwin und andere treten auf
sowie bewaffnete Bürger und Lehrlinge.

LINCOLN: Ruhe, hört mal her! Jeder, der nich 'n Zehner fürn Räucherhering zahlen will, und elf Pennies fürn Pfund Butter und neun Schilling fürn Scheffel Mehl und vier Goldstücke für zehn Pfund Rindfleisch, der hör mir zu.

EIN ANDERER/GEORGE: So weit kommt's bald noch, wenn wir die Fremden hier dulden. Hört ihm zu.

LINCOLN: Unser England, das is' das Land der großen Esser; ergologisch fressen die dann hier bei uns auch mehr weg als bei sich zu Haus.

EIN ANDERER/CLOWN: Um 'n halben Penny Brot mehr pro Tag, aufs Gramm gewogen.

LINCOLN: Wildfremdes Gemüsezeugs führn die ins Land ein, was nix taugt als zum arme Handwerker ins Grab bringen. Denn was is so ne elende ausländische Rübe fürn herzhaften englischen Hunger?

EIN ANDERER/WILLIAMSON: Viehfutter, Viehfutter. Kriegst Triefaugen von dem Kram, da holt sich noch die ganze Stadt Schüttelfrost.

LINCOLN: Ach, hat die sich doch längst geholt, den Schüttelfrost, denn von so nem Rübenzeugs, geborn aus Misthaufenscheiße – wisst ihr ja, das wächst nur aus Mist-

shake, which partly comes through the eating of par-
snips. 20

OTHER/CLOWN: True; and pumpkins together.

Enter [Downes, a sergeant-at-arms]

DOWNES:

What say ye to the mercy of the king?
Do ye refuse it?

LINCOLN: You would have us upon th' hip, would you?
no, marry, do we not. We accept of the King's mercy, 25
but we will show no mercy upon the strangers.

DOWNES:

You are the simplest things that ever stood
In such a question.

LINCOLN: How say ye now, prentices? prentices simple!
down with him! 30

ALL CITIZENS: Prentices simple! prentices simple!

Enter the Lord Mayor, Surrey, Shrewsbury,
[More and Palmer. They rescue Downes.]

SHREWSBURY/LORD MAYOR:

Hold! in the king's name, hold!

SURREY: Friends, masters, countrymen –

LORD MAYOR:

Peace, how, peace! I charge you, keep the peace!

SHREWSBURY:

My masters, countrymen – 35

SHERWIN/WILLIAMSON: The noble Earl of Shrewsbury!
Let's hear him.

haufenscheiße –, da holen wir uns alle was, und was wir uns da holen, das schüttelt uns so, dass es noch die ganze Stadt schüttelt. Was zum Teil vom Rübenfressen kommt.

EIN ANDERER/CLOWN: Stimmt, und auch von Kürbis.

Downes tritt auf, ein Sergeant.

DOWNES:
Was sagt ihr zum Gnadenangebot des Königs?
Lehnt ihr's ab?

LINCOLN: Du würdst uns gern aufs Kreuz legen, stimmt's, oder wie? Nein, weiß Gott nicht, das lehnen wir nicht ab. Wir nehmen die königliche Gnade an, aber Gnade mit den Fremden haben wir deswegen noch lange nicht.

DOWNES:
Ihr seid die größten Hohlköpfe, die je
Bei so was dreingeredet haben.

LINCOLN: Was sagt ihr dazu, Lehrlinge? Lehrlinge sind »Hohlköpfe«? Gebt ihm aufs Maul!

ALLE BÜRGER: Lehrlinge Hohlköpfe? Lehrlinge Hohlköpfe?

Oberbürgermeister, Graf von Surrey, Graf von Shrewsbury, Morus und Palmer treten auf. Sie retten Downes.

SHREWSBURY/OBERBÜRGERMEISTER:
Halt, halt, in Königs Namen, halt!

SURREY: Landsleute, Freunde, Meister –

OBERBÜRGERMEISTER:
He! Friede! Friede! Haltet Frieden, sag ich.

SHREWSBURY:
Ihr lieben Meister, ihr Landsleute –

SHERWIN/WILLIAMSON: Der edle Graf von Shrewsbury!
Hörn wir ihn an.

GEORGE: We'll hear the Earl of Surrey.

LINCOLN: The Earl of Shrewsbury.

GEORGE: We'll hear both. 40

ALL CITIZENS: Both, both, both, both!

LINCOLN: Peace, I say, peace! Are you men of wisdom, or what are you?

SURREY: What you will have them; but not men of wisdom. 45

SOME CITIZENS: We'll not hear my lord of Surrey.

OTHER CITIZENS: No, no, no, no, no! Shrewsbury, Shrewsbury!

MORE:

Whiles they are o'er the bank of their obedience,

Thus will they bear down all things. 50

LINCOLN: Shrieve More speaks. Shall we hear Shrieve More speak?

DOLL: Let's hear him: 'A keeps a plentyful shrievaltry, and 'a made my brother Arthur Watchins Sergeant Safe's yeoman: Let's hear Shrieve More! 55

ALL CITIZENS: Shrieve More, More, More, Shrieve More!

MORE:

Even by the rule you have among yourselves,

Command still audience.

SOME CITIZENS: Surrey, Surrey! 60

OTHER CITIZENS: More, More!

LINCOLN, GEORGE: Peace, peace, silence, peace!

GEORGE: Hörn wir den Grafen von Surrey!

LINCOLN: Den Grafen von Shrewsbury!

GEORGE: Wir wollen beide hörn.

ALLE BÜRGER: Beide, beide, beide, beide!

LINCOLN: Ruhe, sag ich, Ruhe! Seid ihr noch bei Verstand, oder was seid ihr?

SURREY: Die sind, was Sie nur wollen, bloß nicht bei Verstand.

EINIGE BÜRGER: Wir wollen nichts hörn vom Mylord Surrey.

ANDERE BÜRGER: Nein, nein, nein, nein, nein! Shrewsbury, Shrewsbury!

MORUS:
So, wie sie's Flussbett des Gehorsams sprengen,
So schwemmen sie bald alles mit sich fort.

LINCOLN: Sheriff Morus spricht. Wolln wir den Sheriff Morus sprechen hörn?

DOLL: Den hörn wir an. Der hat'n herzensgutes scheriffisches Herz, hat er, und der hat mein'n Bruder Arthur Wachgut zum Oberunterwachtmeister gemacht, hat er. Hörn wir den Sheriff Morus!

ALLE BÜRGER: Sheriff Morus, Morus, Morus, Sheriff Morus!

MORUS:
Nach eurer eignen Ordnung, die ihr habt,
Schafft erst mal Ruhe.

EINIGE BÜRGER: Surrey! Surrey!

ANDERE BÜRGER: Morus! Morus!

LINCOLN, GEORGE: Still, still, seid ruhig, Ruhe!

MORE:

> You that have voice and credit with the number
> Command them to a stillness.

LINCOLN:

> A plague on them, they will not hold their peace.   65
> The devil cannot rule them.

MORE:

> Then what a rough and riotous charge have you,
> To lead those that the dual cannot rule?
> Good masters, hear me speak.

DOLL: Aye, by th' mass, will we, More: Th'art a good   70
housekeeper, and I thank thy good worship for my
brother Arthur Watchins.

ALL THE OTHER CITIZENS: Peace, peace!

MORE:

> Look, what you do offend you cry upon,
> That is, the peace: not one of you here present,   75
> Had there such fellows lived when you were babes,
> That could have topped the peace, as now you would,
> The peace wherein you have till now grown up
> Had been ta'en from you, and the bloody times
> Could not have brought you to the state of men.   80
> Alas, poor things! What is it you have got,
> Although we grant you get the thing you seek?

GEORGE: Marry, the removing of the strangers, which
cannot choose but much advantage the poor handi-
crafts of the city.   85

MORE:

> Grant them removed, and grant that this your noise
> Hath chid down all the majesty of England;
> Imagine that you see the wretched strangers,

22

MORUS:

Ihr, die ihr Einfluss habt aufs Volk und Ansehn,
Bringt sie zum Schweigen.

LINCOLN:

Pest auf das Pack, die wolln nich Ruhe geben.
Die hat nich mal der Teufel im Griff.

MORUS:

Ein hartes, mühseliges Amt, so eine Menge
Zu führn, die auch kein Teufel zähmen kann.
Hört, Leute, hört mir zu.

DOLL: Ja, beim Heiland aber auch, das wolln wir, Morus.
Bist 'n braver Stadtwalter, und ich dank Deino Gnaden
für meinen Bruder Arthur Wachgut.

ALLE ANDEREN BÜRGER: Ruhe, Ruhe! Gib Frieden!

MORUS:

Seht, ihr brecht selbst, wonach ihr schreit:
Nämlich den Frieden. Keiner hier von euch … –
Hätt's damals, als ihr Kinder wart, so Kerle
Wie euch gegeben, die den Frieden störten,
Wie ihr's jetzt tut, dann hätt man euch den Frieden,
In dem ihr bis heut aufwuchst, längst entrissen,
Und *keiner* wär in blutgetränkter Zeit
Zum Mann gereift. Ihr Narrn! Was hättet ihr erreicht,
Selbst wenn wir euch gewähren, was ihr wollt?

GEORGE: Na Himmel, dass wir die Fremden los sind, was
nix als nur 'n großer Gewinn für die armen Handwerker der Stadt sein kann.

MORUS:

Gesetzt, sie gehn; gesetzt, dass euer Lärm
Ganz Englands Recht und Würde niederschrie.
Dann stellt euch vor, ihr seht die Fremden, elend,

Their babies at their backs and their poor luggage,
Plodding to th' ports and costs for transportation,   90
And that you sit as kings in your desires,
Authority quite silent by your brawl,
And you in ruff of your opinions clothed;
What had you got? I'll tell you: you had taught
How insolence and strong hand should prevail,   95
How order should be quelled; and by this pattern

Not one of you should live an aged man,
For other ruffians, as their fancies wrought,

With self same hand, self reasons, and self right,
Would shark on you, and men like ravenous fishes   100
Would feed on one another.

DOLL: Before God, that's as true as the Gospel.
LINCOLN: Nay, this is a sound fellow, I tell you. Let's
 mark him.
MORE:
  Let me set up before your thoughts, good friends,   105
  One supposition; which if you will mark,
  You shall perceive how horrible a shape
  Your innovation bears. First, tis a sin
  Which oft the apostle did forewarn us of,
  Urging obedience to authority;   110
  And 'twere no error, if I told you all,
  You were in arms 'gainst [God himself].
ALL CITIZENS: Marry, God forbid that!

Mit Lumpenbündeln, Kinder auf dem Rücken,
Wie sie zu Küsten und zu Häfen trotten,
Und ihr sitzt da, als König eurer Wünsche,
Die Staatsmacht starr verstummt vor eurer Wut,
Und ihr gespreizt im Protzornat des Dünkels:
Was habt ihr dann? Ich sag's euch: ihr habt nur
Gelehrt, wie Frechheit und Gewalt obsiegt,
Wie Ordnung abgewürgt wird. Und nach diesem
                                        Muster
Würd keiner von euch hoch ins Alter leben;
Denn's würden andre Dünkelprotze, ganz nach
                                        Laune,
Kraft *ihrer* Macht, kraft *ihrem* Recht, kraft *ihrer*
Höchsteignen Ziele euch wie Haie anfalln,
Und raubfischgleich würd Mensch den Menschen
                                        fressen.
DOLL: Beim Herrgott, so wahr wie die Bibel, das.
LINCOLN: Ja, weiß Gott, ein kluger Kopf, ich sag's euch.
    Hörn wir weiter.
MORUS:
    Lasst euch von mir ein Bild vor Augen stellen,
    Ihr Freunde, worin ihr, wenn ihr's versteht,
    Die schreckliche Gestalt erkennen könnt,
    Die euer Aufstand zeigt. Zuerst, die Sünde,
    Vor der uns der Apostel oftmals warnte,
    Der auf Gehorsam vor dem Herrscher drang:
    Und 's wär nicht falsch, wenn ich euch allen sagte,
    Dass ihr zum Krieg zieht gegen Gott.
ALLE BÜRGER: Nein, nein, da sei Gott vor!

MORE:

Nay, certainly you are;
For to the King God hath his office lent 115
Of dread, of justice, power and command;

Hath bid him rule, and willed you to obey.
And, to add ampler majesty to this,
He hath not only lent the king his figure,
His throne and sword, but given him his own name, 120

Calls him a god on earth. What do you, then,
Rising gainst him that God himself installs,
But rise against God? What do you to your souls
In doing this? O, desperate as you are,
Wash your foul minds with tears, and those same 125
                                                hands,
That you like rebels lift against the peace,
Lift up for peace, and your unreverent knees,
Make them your feet. To kneel to be forgiven
Is safer wars than ever you can make
Whose discipline is riot. 130
In, in, to your obedience! Why, even your hurly
Cannot proceed but by obedience.
Tell me but this: What rebel captain,
As mutinies are incident, by his name
Can still the rout? Who will obey a traitor? 135

Or how can well that proclamation sound,
When there is no addition but »a rebel«
To qualify a rebel? You'll put down strangers,
Kill them, cut their throats, possess their houses,

26

MORUS:

O doch, ganz sicher tut ihr das.

Denn Gott verlieh dem König doch sein Amt,
Sein Recht, sein Richtschwert, seine Macht und
Herrschaft;
Ihn hieß Gott herrschen und hieß euch gehorchen.
Und um noch weitere Hoheit ihm zu geben,
Lieh Gott dem König nicht nur Seinen Abglanz,
Den Thron, das Schwert, nein, auch den eignen
Namen:
Als »Gott auf Erden«. Was tut ihr denn sonst,
Wenn ihr *dem* trotzt, den Gott höchstselbst berief,
Als Gott selbst trotzen? Was tut ihr euch selbst,
Den eignen Seelen an? Ihr Frevler, ihr, wascht euch's
Verfaulte Herz mit Tränen, und die Hände,

Die ihr rebellisch gegen Frieden ballt,
Faltet zur Friedensbitte; eure steifen Knie,
Beugt sie, nehmt sie als Füße. Reuig knien um Gnade
Ist bessrer Kampf, als ihr sonst kämpfen könntet,
Die ihr als Kampf nur Aufruhr kennt.
Übt, übt Gehorsam! Ach, selbst euer Aufstand
Kann ja nur durch Gehorsam weitergehn.
Sagt mir doch eins: Welcher Rebellenführer,
Wenn Rebellion ihm droht, kann denn kraft Amtsrang
Die Masse ruhigstelln? Wer gehorcht denn einem
Meutrer?
Und wie wird dessen Machtanspruch wohl klingen,
Wenn's nur »Rebell« als Titel gibt, das den
Rebellen krönt? Ihr wollt die Fremden niedermachen,
Sie töten, Kehlen schlitzen, ihre Häuser nehmen,

And lead the majesty of law in lyam,   140
To slip him like a hound. Say now the king,
As he is clement, if th' offender mourn,
Should so much come to short of your great trespass

As but to banish you: whither would you go?
What country, by the nature of your error,   145
Should give you harbor? Go you to France or
                                              Flanders,
To any German province, to Spain or Portugal,
Nay, any where that not adheres to England:
Why, you must needs be strangers. Would you be
                                              pleased
To find a nation of such barbarous temper,   150
That, breaking out in hideous violence,
Would not afford you an abode on earth,
Whet their detested knives against your throats,
Spurn you like dogs, and like as if that God
Owed not nor made not you, nor that the claimants   155
Were not all appropriate to your comforts,
But chartered unto them? What would you think
To be thus used? This is the strangers case;

And this your mountanish inhumanity.
ALL CITIZENS: Faith, 'a says true. Let's do as we may be   160
done by.
ALL CITIZENS/LINCOLN: We'll be ruled by you, Master
More, if you'll stand our friend to procure our par-
don.

28

Die Rechtshoheit kurz an der Leine führn
Als Bluthund, den ihr, wie's passt, loshetzt. – Sagt nun,
Gesetzt, der König, der gern Milde zeigt,
Wo man bereut, hätt derart große Nachsicht
Mit eurem üblen Übergriff, dass er
Euch nur verbannt: wohin denn gingt ihr dann?
Sagt, welches Land – im Ansehn eurer Schandtat –
Böt euch denn Schutz? Ob Frankreich oder
                                    Flandern,
Ob Deutschland, Spanien, Portugal, ach, in
Jedwedem Land, das nicht grad England ist:
Dort wärt ihr selbst die Fremden. Würd's euch
                                    gefalln,
Wenn ihr dort auf ein Volk träft, so barbarisch,
Dass es wild ausbricht in Gewalt und Hass,
Euch keinen Platz gönnt auf der weiten Welt,
In eure Hälse tief die Messer taucht,
Euch tritt wie Hunde, so, als hätt euch Gott
Nicht grad wie sie geschaffen, als wärn Erd
Und Himmel nicht auch euch zum Wohl gemacht,
Nein, nur für sie bestimmt? Was dächtet ihr,
Wenn man mit euch so umging? So geht's den
                                    Fremden,
Und so berghoch ragt eure Inhumanität.

ALLE BÜRGER: Ja, Herrgott, er hat recht. Handeln wir,
wie wir an uns gehandelt sehn wollen.

ALLE BÜRGER/LINCOLN: Wir gehorchen Ihnen, Master
Morus, wenn Sie uns gut Freund bleiben und uns Begnadigung verschaffen.

MORE:
Submit you to these noble gentlemen,
Entreat their mediation to the king,
Give up yourself to form, obey the magistrate,
And there's no doubt but mercy may be found,
If you so seek.

MORUS:

> Ergebt euch diesen hochadligen Herrn,
> Erbittet ihre Fürsprache beim König,
> Benehmt euch, wie's gehört, gehorcht dem Stadtrat,
> Und Gnade werdet ihr ganz sicher finden,
> So ihr denn nach ihr sucht.

Der Rest der Szene stammt nicht von Shakespeare:
Umgestimmt von Morus' Rede, legen die Aufständischen die Waffen nieder und erbitten die Gnade des Königs, die Morus ihnen verspricht; sie danken Morus als ehrlichem Makler und mahnen ihn, sein Versprechen zu halten, sie vor dem Galgen zu bewahren und sie nicht zu hintergehen. Sie lassen sich willig ins Gefängnis bringen. – Shrewsbury, Surrey, Bürgermeister und andere danken Morus, dass er die Stadt vor Blutvergießen bewahrt hat. Morus erklärt, mit seiner Rede aus Vaterlandsliebe und Sorge um die Stadt gehandelt zu haben; er nennt sich Gottes Werkzeug, der den Aufruhr mit seiner schwachen Hilfe zerschlagen habe. Shrewsbury überbringt Morus den Dank des Königs, schlägt ihn in dessen Namen zum Ritter und übergibt ihm die Ernennung zum Mitglied des Staatsrates.

7. Szene: Hinrichtungsszene (nicht von Shakespeare)

Die Rädelsführer des Aufstands, Lincoln, Williamson, Doll, George Betts und Sherwin, sind zum Tode verurteilt und werden zum Galgen gebracht. Lincoln soll zuerst sterben; er ist sich seiner Schuld bewusst, sieht sein Unrecht ein und ist mit der Strafe einverstanden; er vergibt den Fremden und bittet sie, dass sie ihm vergeben mögen: Er möchte seinen Fall als warnendes Beispiel verstanden wissen, nicht gegen Fremde im Land vorzugehen. Lincoln wird auf offener Bühne aufgehängt. – Doll lobt Sheriff Morus und bedauert nur, dass er sein

Wort nicht gehalten und keine Gnade erwirkt hat. Sie erkennt ihre Schuld. Da erscheint Surrey, der die Begnadigung des Königs für alle Aufständischen verkündet: Morus habe vor dem König auf Knien um ihr Leben gebeten, Lincolns Hinrichtung sei vorschnell erfolgt. Surrey formuliert die politische Botschaft: Der König wolle die nach Gesetz dem Tode Verfallenen mit Liebe und Milde dazu bringen, solche üblen Versammlungen zu meiden, in denen gesetzlose Aufstände und hochverräterische Akte ausgeheckt werden. Alle Bürger und Aufständischen lassen den König und Morus hochleben.

Anhang

NACHWORT

Kurioser Text
mit kurioser Geschichte

1. Mai 1517 – The Ill May Day

Siebenundvierzig Jahre vor Shakespeares Geburt. Seit Wochen braute sich in London etwas zusammen. Die »Fremden« aus Flandern und Frankreich, die zum Teil aus politischen, zum Teil aus religiösen Gründen nach England geflohen waren, zogen den Zorn der Bevölkerung, insbesondere der Händler und Handwerker, auf sich. Schon 1516 war eine Flugschrift aufgetaucht, die den König und seinen Rat beschuldigte, England durch die Bevorzugung der Fremden zu ruinieren. Nicht wenige dieser »Lombarden«, so benannt nach ihrem Wohnsitz in der Lombard Street, waren inzwischen wohlhabend und zur wirtschaftlichen Konkurrenz verarmender Londoner Bürger geworden. »Es gab in diesem Jahr viel Bauchgrimmen und bösen Groll unter den Engländern der City von London gegen Fremde«, berichtet der Geschichtsschreiber Holinshed, »und besonders die Handwerker waren zutiefst erbost, dass einer solchen Masse von Fremden erlaubt wurde, mit ihren Waren hierherzuziehen und ihr Handwerk auszuüben, wodurch des Königs eigene Leute durch Arbeitsmangel in Armut fielen.« Die Fremden hielten sich nicht an die Regeln der Stadt, prahlten mit der Gunst des Königs und wurden übergriffig gegen Londoner Bürger: So soll zum Beispiel ein Zimmermann namens Williamson zwei Tauben auf dem Markt gekauft haben, als »ein Franzose sie ihm aus der Hand nahm und sagte, das sei kein Fleisch für einen Zimmermann«. Der Franzose beschwerte sich über den Zimmermann bei seinem Gesandten, der beschwerte sich wiederum beim Bürgermeister und beim Königlichen Rat, und so kam Williamson ins Gefängnis und fast an den Galgen. »Die Fremden waren so anmaßend, dass sie die Engländer verachteten, verspotteten und unterdrückten«, so Eward Hall in seinen *Chronicles* – dies verstärkte den Groll gegen sie; Londons Bürger empfanden das Betragen der Franzosen und Flamen ihnen gegenüber als »unverschämte Frechheit«. Als ein Franzose die Frau eines Engländers zu sich gelockt hatte und nicht mehr herausgab und eine Gruppe Franzosen öffentlich und lachend damit prahlte, sie würden selbst die Frau des Londoner Bürgermeisters für sich behalten, lief das Fass über.

Am Osterdienstag 1517 hielt ein Dr. Beal eine flammende fremdenfeindliche Rede bei St. Paul's Cross: Er erklärte, sein Land sei den Engländern zu eigen gegeben, und ebenso, wie Vögel ihr Nest verteidigen würden, sollten auch alle Engländer »an sich selbst denken und sich verteidigen und dem Allgemeinwohl zuliebe alle Fremden verletzen und bedrängen«; es sei nach Gottes Gebot rechtens, für sein Land zu kämpfen, gegen die Fremden zu rebellieren und den Landfrieden des Königs zu brechen.

Von da an gab es ständige Angriffe auf Fremde: Sie wurden auf offener Straße angegangen, geprügelt oder in Kanäle geworfen; zwölf ausländische Lehrlinge wurden gelyncht. Wie aus dem Nichts entstand das Gerücht, dass die Stadt am 1. Mai rebellieren und alle Fremden erschlagen werde.

Am 30. April erließ der Bürgermeister aus Furcht vor bürgerkriegsähnlichem Aufruhr eine nächtliche Ausgangssperre. Aber in kurzer Zeit versammelten sich nachts etwa eintausend Lehrlinge, Dienstboten und Wasserträger in Cheapside und befreiten englische Gefangene, die wegen Angriffen auf Fremde im Gefängnis saßen. Schließlich, nachdem der Bürgermeister vor der aggressiven Menge geflohen war, trat Londons beliebter und respektierter Untersheriff Thomas Morus auf Aufforderung einiger Adliger vor die Aufständischen und hielt sie mit einer großen Rede zur Ruhe an, in der er auf den königlichen Schutz aller Fremden verwies – aber da wurden aus umliegenden Häusern Backsteine und Knüppel heruntergeworfen und siedendes Wasser herabgegossen, so dass die Menge in Panik geriet, die Häuser von französischen Fremden stürmte, sie verwüstete und plünderte. Der Lieutenant des Tower beschoss daraufhin die City von London; nachdem der König die Nachricht vom Volksaufstand erhalten hatte, schickte er aus Richmond Mannschaften, die den Tumult um drei Uhr in der Früh mit der Verhaftung von dreihundert Aufständischen, darunter viele Kinder und Jugendliche, beendeten. Als um fünf Uhr die Earls von Surrey und Shrewsbury mit ihren Mannschaften eintrafen, war der Aufstand bereits niedergeschlagen.

Unter Surreys und Shrewsburys Führung standen am 5. Mai in allen Straßen Londons fünftausend Soldaten im Harnisch, die mit den aufständischen Bürgern äußerst grob umsprangen. Es gab keine weitere Rebellion, trotz Überzahl der Bürger gegen die aufmarschierten Truppen – als gute Untertanen litten Londons Bürger geduldig, schreibt der Chronist Hall, und beugten sich gehorsam dem König. Beim direkt folgenden ersten Hochverratsprozess wurden dreizehn der Verhafteten zum Tode verurteilt – das Hängen, Ausweiden und Vierteilen wurde überall in London öffentlich und äußerst grausam vollzogen. Als der Rebellenführer Lincoln am 7. Mai hingerichtet war, erließ der König einen Aufschub der Hinrichtungen und das Volk rief: »God save the King!« Am 22. Mai erschien der König in Westminster Hall nebst Kardinal, Adel und Hofstaat und ließ alle vierhundert gefangenen Kinder, jungen Burschen, Männer und elf Frauen hereinführen; der Kardinal tadelte den Bürgermeister für das Versagen der Stadtältesten und verkündete den Gefangenen ihr Todesurteil. Großes Geschrei und Wehklagen in ganz London; die Gefangenen riefen laut um Gnade. Nachdem Heinrichs Adlige wie auch seine Königin Katharina von Aragon kniend um das Leben der Gefangenen gefleht hatten, begnadigte der König alle Aufständischen.

The Ill and Evil May Day von 1517 grub sich ins öffentliche Gedächtnis der englischen Bevölkerung ein als Symbol für die schlimmen Folgen von Aufruhr und Empörung gegen König und Staat.

Um 1595

Achtzig Jahre später, während der Regentschaft der Königin Elisabeth, ging es schon wieder los. Wieder tauchten fremdenfeindliche Flugblätter in London auf:

> Sieht die Welt etwa nicht, dass Ihr Belgier, Ihr bräsigen Biester, oder eher trunksüchtige Drohnen, und Ihr, Ihr feigherzigen Flamen, und Ihr, Ihr falschmünzerischen Franzosen, mit Eurer memmischen Flucht aus Euren eigenen Ländern diese Euren stolzen, feigen Feinden überliefert habt? ... Hiermit sei allen Flamen und Franzosen kundgetan, dass sie zu ihrem eigenen Wohl aus dem Königreich England verschwinden sollen, bis zum nächsten 9. Juli. Wenn nicht, habt Ihr Euch selbst zuzuschreiben, was folgt.

Diesmal richtete sich der Volkszorn nicht so sehr gegen die wohlhabenden eingesessenen Fremden: Wut erregten die hugenottischen Flüchtlinge, die nach der mörderischen Bartholomäusnacht 1572 im katholischen Frankreich in einer großen Einwanderungswelle ins protestantische England, vor allem nach London, geflüchtet waren, ebenso wie Flamen, die unter der Schreckensherrschaft des katholischen Herzogs Alba litten. Tausende Flüchtlinge kamen in eine Stadt, die damals noch keine 200000 Einwohner hatte. Mit den Verfolgten kamen auch viele, die in England ein wirtschaftlich besseres Leben suchten. Das gab böses Blut unter den Einheimischen – andererseits aber brachten die Flüchtlinge Techniken und Fähigkeiten mit, die auf der britischen Insel unbekannt waren, und trugen damit zur Prosperität der Stadt und des

Landes bei. Die Londoner Stadtväter wussten um die Vorteile, die qualifizierten Einwanderern zu verdanken waren; zugleich verschärfte sich aber die Konkurrenzsituation zu den englischen Bürgern, die in wirtschaftliche Schwierigkeiten gerieten und gegen die Zuwanderung aufbegehrten. Vor allem die Handwerkergilden machten die Fremden in den achtziger und neunziger Jahren immer wieder für alle sozialen Probleme in der Stadt verantwortlich.

Und wieder waren es wie 1517 vor allem Halbwüchsige und junge Männer, die offen Fremdenfeindlichkeit propagierten und mit Aufständen in verschiedenen Londoner Stadtteilen in rohe Tat umsetzten – sehr zum Zorn der Königin Elisabeth, die mit einer Verschärfung der obrigkeitlichen Maßnahmen reagierte und, wie man den *Annales of England* von John Stow entnehmen kann, ihrem Staatsrat befahl, »alle die festzunehmen, die sich von den bestehenden Justizorganen nicht bessern und bekehren ließen, und die deshalb unverzüglich nach Kriegsrecht am Galgen hingerichtet werden sollten«. Fünf der »ungehorsamen jungen Leute« wurden wegen Hochverrats angeklagt, zum Hängen, Ausweiden und Vierteilen verurteilt und entsprechend grausam öffentlich zu Tode gebracht.

In dieser angespannten politischen Situation und Stimmung verfassten irgendwann zwischen 1595 und 1600 zwei Dramenschreiber, Anthony Munday und Henry Chettle, gemeinsam ein Stück über den Humanisten Thomas Morus – einen nicht sonderlich spannenden biographischen Bilderbogen, hölzern aus verschiedenen Lebensepisoden zusammengestückelt. Eine Momentaufnahme von Morus' politischem Karriereaufstieg sollte sein Auftreten beim berüchtigten *Ill May Day*-Aufstand von 1517 werden, bei dem er mit einer großen Rede die Rebellen zur Vernunft brachte. Ein Triumph, der allerdings nicht den historischen Tatsachen entsprach.

Script-Doctoring *um 1600*

Die Ähnlichkeit der *May Day*-Situation von 1517 mit den aktuellen politischen Umständen kurz vor 1600 war für die Autoren brandgefährlich – insbesondere der Vergleich des großzügigen Gnadenerlasses Heinrichs VIII. mit der grausamen Gnadenlosigkeit der herrschenden Heinrich-Tochter, Königin Elisabeth, zu dem ihr Text einlud. Geschichten von Aufständen gegen gottgesalbte Könige und Rebellion gegen Recht, Staat und hierarchische Ordnung galten besonders in aufrührerisch rumorenden Zeiten wie Ende des 16. Jahrhunderts als heißes Eisen – sie konnten als öffentliche Anstachelung verstanden werden. So nahm der damalige Zensor Sir Edmund Tilney massive politisch motivierte Eingriffe in das Stück vor:

> Lasst den Aufstand und seinen Anlass ganz weg, und fangt mit Sir Thomas Morus bei den Bürgerratssitzungen an, mit einem Bericht dazu über die guten Dienste, die er als Sheriff von London während einer Meuterei gegen die Lombarden geleistet hat, und nur mit einem kurzen Hinweis darauf, und nicht anders – auf Eure eigene Gefahr.

So ist Tilneys Zensurvorschrift im Manuskript handschriftlich überliefert.

Nunmehr suchten Munday und Chettle offenbar Hilfe bei anderen Dramenschreibern.

Das Manuskript zeigt in den unterschiedlichen Handschriften der beteiligten Autoren auf einzigartige Weise alle Arbeitsprozesse, die beim kollektiven Schreiben in der elisabethanischen Dramenproduktion anfielen – Hauptautor Munday und Nebenautor Chettle strichen, fügten ein und formulierten um; zusätzliche Hilfe kam von den offenbar später hinzugezogenen Autoren Thomas Dekker und Thomas Heywood, die Sätze, Passagen, halbe Szenen beisteuerten, wie Drehbuchautoren-Teams bei heutigen Fernsehsoaps.

Eine neu eingefügte Szene fällt allerdings aus dem Rahmen: nämlich ausgerechnet die Rede des Thomas Morus, der den aufständischen Bürgern ins Gewissen redet. Sie stammt von einem vierten anonymen Autor, dessen Beitrag »Handschrift D« benannt wurde. Sie ist in ihrer stilistischen und rhetorischen Brillanz ein Glanzlicht im ansonsten bieder und holprig zusammengenagelten Text. Das Stück wurde aber auch mit diesem neuen Einschub niemals aufgeführt und verschwand in einer Schublade – unter den gegebenen brisanten politischen Verhältnissen war es nicht aufführbar.

Erschwerend kam wohl hinzu, dass der Humanist Thomas Morus eine sperrige Figur in den Ideologien des protestantischen England war – der bis in den Tod unbeugsame Katholik, der sich angeblich bei mörderischen Protestantenverfolgungen hervorgetan hatte, war den Protestanten verhasst; für die (heimlichen) Katholiken wiederum war Morus als Märtyrer für den katholischen Glauben eine ikonische Kultfigur.

Das Theaterprojekt *Sir Thomas Morus* wurde offenbar als totgeborenes Kind aufgegeben.

1871

Trotzdem überlebte das bruchstückhafte und beschädigte Manuskript die Feuersbrunst von London wie auch die bewegten Revolutionszeiten. 1727 wurde es öffentlich bekannt, als sein damaliger Besitzer, der Büchersammler John Murray, es Robert Harley, dem Earl of Oxford, vererbte. Dieser wiederum hinterließ es dem British Museum. 1844 wurde es transkribiert und abgedruckt.

1871 äußerte jemand erstmals einen Verdacht, von welchem unbekannten Mitarbeiter die drei Folioseiten der Thomas-Morus-Rede wohl stammen könnten: von William Shakespeare. Richard Simpson, ein shakespearebegeisterter Theologe, begründete diese Vermutung mit der großen stilistischen Ähnlichkeit, die die Passage mit Shakespeares Stücken habe. Hatte er recht, so wären diese drei Seiten Text das einzige handschriftliche Dokument, das von Shakespeare außer sechs Unterschriften erhalten war.

Darüber wurde lange gestritten: Manche hielten den Text für eine Fälschung, wie so viele Fakes im 18. Jahrhundert um Shakespeares Werk herum entstanden; andere hielten den Verfasser einfach für einen geschickten Imitator des Shakespeareschen Stils; wieder andere sahen in der Zuordnung allein den Wunsch als Vater des Gedankens am Werk: Einen handschriftlichen Text von Shakespeare zu besitzen – das sei ein verblendender Traum aller Shakespeareromanen. Erst 1922 veröffentlichten A. W. Pollard und John Dover Wilson einen Sammelband mit Arbeiten mehrerer Wissenschaftler, die sich seriös und kritisch mit dem Thomas-Morus-Fragment beschäftigten, darunter der legendäre Paläograph Sir Edward Maunde Thompson. Das Ergebnis war eine von allen Verfassern mit großer Vorsicht, aber klar vorgetragene und belegte Überzeugung, dass es sich tatsächlich um eine authentische Shakespeare-Handschrift handele.

15. März 2016

415 Jahre nach Entstehung des Stückes ist Shakespeares Verfasserschaft nicht mehr nur eine fundierte Vermutung. In fast einstimmigem Konsens kamen Fachwissenschaftler dank neuer elektronischer Untersuchungsmethoden in den letzten Jahren zum Schluss, dass die drei Folioseiten von William Shakespeares Hand stammen – auch wenn es keinen einzigen *direkten* Beweis dafür gibt, sondern lediglich *textimmanente* Belege. Die British Library hütet das Manuskript heute als einen ihrer größten Schätze; 2016 wird es zum ersten Mal anlässlich des Shakespeare-Jubiläums öffentlich ausgestellt und digitalisiert im Netz zugänglich gemacht.

Im Jahr 2016 gibt es auch wieder eine Flüchtlingskrise, diesmal gesamteuropäischen Ausmaßes. Der Bürgerkrieg in Syrien kostete bislang über 200 000 Menschen das Leben und trieb zwölf Millionen in die Flucht. Viele retten sich in die benachbarten Länder, viele wollen weiter nach Europa. Es ist die größte Fluchtbewegung und Völkerwanderung seit dem Zweiten Weltkrieg. Sie trifft in den europäischen Staaten in der Bevölkerung auf Hilfsbereitschaft und Mitgefühl, aber auch auf Ablehnung, Aggression und fremdenfeindliche Proteste bis hin zu rechtsradikalen Brandanschlägen auf Flüchtlingsheime – »Erbarmt euch!« und »Verjagt sie!« sind auch heute wieder wie zu allen Zeiten die konträren Pole des Meinungsspektrums.

Die europäische politische Antwort auf die Flüchtlingszuwanderung ist gespalten: Dem »moralischen Imperativ« der deutschen Bundeskanzlerin, die jede Obergrenze für eine Einwanderung von Flüchtlingen ablehnt, steht die größtenteils verweigernde Haltung der anderen 27 EU-Staaten gegenüber, die jeweils unterschiedliche Positionen beziehen, von enger Kontingentierung bis zu völliger Abschottung und Ablehnung jeglicher Flüchtlingsaufnahme. Seit Anfang März 2016 ist die Balkanfluchtroute nach Europa blockiert und der Zustrom von Hunderttausenden Flüchtlingen und Migranten weitestgehend unterbunden, während der Bürgerkrieg in Syrien unvermindert fortdauert. Gleichzeitig verschärft und polarisiert sich die europäische öffentliche Debatte um Moral und Pragmatismus hinsichtlich des Umgangs mit den Flüchtlingen und Migranten.

Am 16. März 2016 trafen in Brüssel die europäischen Staatschefs zum Flüchtlingsgipfel zusammen. In diesem Kontext sendete BBC 2 am Vorabend in ihrer Newsnight-Ausgabe kommentarlos eine Rezitation von Shakespeares großer emotionaler Thomas-Morus-Rede, die Menschlichkeit und Empathie für Flüchtlinge anmahnt. Zugleich wurden weltweit in vielen großen englischsprachigen Zeitungen Shakespeares Morus-Worte als Mahnung zum

Mitgefühl mit dem Flüchtlingselend abgedruckt. Shakespeare erscheint wieder einmal als der Dichter, in dessen Worten man in großen Krisen Halt und Orientierung sucht.

Shakespeares Rede des Thomas Morus
oder
Was du nicht willst, das man dir tu
oder
The Golden Rule

Eigentlich klingt es wie ein läppischer Kindergartenspruch: »Was du nicht willst, das man dir tu, das füg auch keinem andern zu.« Ein Merkvers als moralische Verhaltensanweisung: Man soll etwas *nicht* tun. In positiver Umformulierung besagt der Satz, was man tun soll: »Behandle andere so, wie du von ihnen behandelt werden willst.« Gemeint ist dasselbe, aber gereimt klingt es eingängiger. Das Erstaunliche ist, dass es diesen Spruch in unzähligen Abwandlungen und Formulierungen überall auf der Welt gibt; er entstand in allen Sprachen, Religionen und Philosophien unabhängig voneinander und nebeneinander und soll mindestens zweieinhalbtausend Jahre alt sein. Er ist eine völkerübergreifende gesamtmenschheitliche Einsicht. So schlicht er klingt, ist er doch in Wahrheit essentiell: Er formuliert eine universale praktische Ethik. *Weil* er schlicht klingt, ist diese Ethik für jedermann intuitiv zu erfassen, sie ist aus sich selbst heraus selbst-verständlich. Er verlangt als Maxime einen Perspektivenwechsel: Jeder Mensch mit der nur ihm eigenen

Fähigkeit zur Empathie soll sich gedanklich in die Lage des anderen versetzen – und hat damit einen Maßstab, sein eigenes Handeln diesem anderen gegenüber zu bewerten: Möchte ich so behandelt werden, wie ich den anderen behandele? Wenn nein – dann muss ich zwangsläufig mein Handeln ändern. In jüdisch-christlicher Tradition gründet der Reimvers auf Buch Tobit 4,15: »Was dir selbst verhasst ist, das mute auch einem anderen nicht zu!« – ein weiser Rabbi sagte einmal, dass die gesamte Thora nur die Erläuterung dieses einen kleinen Satzes sei. Neutestamentlich finden wir ihn in Matthäus 7,12: »Alles, was ihr also von anderen erwartet, das tut auch ihnen!«, und in Lukas 6,31: »Was ihr von anderen erwartet, das tut ebenso auch ihnen.« Auf diese Maxime gründet sich das Prinzip der Nächstenliebe wie der Feindesliebe, die nichts erwartet für das, was sie gibt: Sie verschränkt das eigene individuelle Ich mit dem individuellen Nächsten. Sie löst das »Wie-du-mir-so-ich-dir«-Vergeltungsprinzip als ethischen Verhaltensmaßstab ebenso ab wie das Tauschprinzip des *do ut des* – »ich gebe dir, damit du mir gibst«. Das »Was-du-nicht-willst-das-man-dir-tu« ist ein magischer Satz; er könnte die Welt verändern, wenn sich alle an ihn halten würden.

Mit diesem Satz der praktischen Ethik tritt Shakespeares Thomas Morus dem Londoner Lynchmob entgegen. Und ziemlich genau zu dem Zeitpunkt, als Shakespeare diese Rede erfand, erfand man in der anglikanischen Kirche eine neue Bezeichnung für die alte »Was-du-nicht-willst«-Maxime: *The Golden Rule*, die Goldene Regel, als schlichte Quintessenz aller Ethik. Der Gedanke lag wohl in der Luft. Mit der Goldenen Regel überzeugt Thomas

Morus bei Shakespeare die Rebellenmeute, die die Flüchtlinge und Fremden totschlagen will: »Let's do as we may be done by« murmeln die Bürger, als direktes Echo der Geneva-Bibel: »And as ye would that men should do to you, so do ye to them likewise«, und sie legen die Waffen nieder. Lukas 6,31. Ein Sieg der humanitären Moral.

In der Luft liegt das Thema auch im Jahr 2016 angesichts brennender Flüchtlingsheime und Sperrzäune. Viele der Zeilen aus Shakespeares Thomas-Morus-Rede könnten aus heutigen Zeitungsschlagzeilen stammen. Auch bei allen deutlich erkennbaren Unterschieden der Londoner Volksaufstände von 1517/1595 und der heutigen Situation ist manche Parallele verblüffend. »Hört auf den englischen Barden!« titelt denn auch die Schweizer Tageszeitung *Der Bund*: »400 Jahre nach seinem Tod wird Shakespeare als Verfechter einer humanitären Flüchtlingspolitik entdeckt«. *The Guardian* in England macht auf mit »William Shakespeare's handwritten plea for refugees«, der englische *Telegraph* sieht im Text »Shakespeares call for humane treatment of refugees«, die *Washington Post* berichtet: »More than 400 years ago, Shakespeare decried the ›mountainish inhumanity‹ that refugees had to face.« Und der österreichische *ORF* auf seiner Internetseite schreibt gar: »Shakespeare reicht's mit Flüchtlingshetze.« Es liegt nahe, Shakespeares Rede des Thomas Morus' als zeitübergreifende Mahnung zum Mitgefühl zu verstehen, als Aufforderung zum allgemeinmenschlichen Erbarmen mit der Not und zur Hilfe für die Flüchtlinge – so, als spräche Shakespeare aus einer Zeitmaschine heraus mit seinem Text hier und jetzt zu uns Heutigen. Für dies eine Mal gewinnt ein leicht hingeworfener Shakespeare-

Text einen Moment lang das, was man sonst so oft ungeduldig von »Shakespeare« fordert, nämlich »Relevanz« und konkrete gesellschaftliche »Aktualität« – oder eher umgekehrt: Die aktuelle Situation stiftet für uns den Sinn und die Bedeutung eines 400 Jahre alten Textes, für den sich sonst keiner interessieren würde.

Allerdings sind unser heutiger Sinn und der alte Text nicht unbedingt kongruent. Es ist etwas kurzschlüssig, Thomas Morus' Bühnenrede Shakespeare selber in den Mund zu legen, als hätte Shakespeare nicht nur persönlich den aufständischen Londoner Bürgern seiner Zeit um 1600, sondern gleich auch uns Heutigen samt und sonders die Leviten gelesen.

Dem ist natürlich nicht so. Die Rede einer Dramenfigur gibt die Meinung der Dramenfigur wieder und nicht zwangsläufig die des Autors. Shakespeare hätte selbstverständlich, bei aller Empathie mit den Flüchtlingen, genauso empathisch und emotional aufrüttelnd auch die bösartige Gegenrede zum humanistischen Morus-Text verfassen können, nämlich die xenophobe Hetzrede des Dr. Beal vor den Londoner Lehrlingen – solcherlei Multiperspektivität ist Kern und Wesen allen dramatischen und vor allem Shakespeareschen Schreibens. Empathie – die Fähigkeit, sich in die Lage eines jeden anderen hineinzuversetzen – gehört zum Grundhandwerkszeug eines jeden Schauspielers; Schauspieler Shakespeare war Meister darin, empathisch einfühlsam auch die übelsten Gedankenwelten finsterster Verbrecher zu erkunden – zum Beispiel begibt er sich folgendermaßen in Massenmörder Macbeths Gemütsabgründe:

Dem, was mir guttut,
Muss alles aus dem Weg: ich stieg ins Blut
So tief, dass mir, wollt ich nicht mehr drin baden,
Rückkehrn so schwer wär wie hindurchzuwaten.
Hab Seltsames im Kopf, was drängt zur Hand
Und muss getan sein, eh's recht Prüfung fand.
(III,4,135 ff.)

Ein beeindruckend empathischer Einblick in die Seelenlage des Bösen, aber kaum anzunehmen, dass Shakespeare damit eigene Überzeugungen ausdrücken wollte. Wie er's im Fall der Flüchtlinge hielt, weiß niemand und ist auch nebensächlich. Empathie eines Autors mit seiner Figur bedeutet nicht unbedingt, dass der Autor auch deren Standpunkt teilt. Gleichsetzungen von Autor und fiktiver Figur gehen selten auf – verstellen aber oftmals den Blick auf weitere Aussagewelten eines Textes.

Shakespeares eigentliche Zielrichtung mit der Thomas-Morus-Rede ist denn wohl auch etwas anders, als ihm in griffiger Pointierung zugeschrieben wird. Aus dem Kontext gerissene Shakespeare-Zitate ergeben meist ein etwas schiefes Bild. Es ist sicher kein Zufall, dass alle Veröffentlichungen einen nicht unwesentlichen Teil des Shakespeare-Textes weglassen: Ian McKellen etwa streicht in seinem beeindruckenden Redevortrag von den 79 Versen ganze 43 (nämlich Z. 74–85, 105–124, 128–138); die *BBC-Newsnight* ließ von Harriet Walter nur 22 Verse vortragen. Da fallen ganze Textblöcke unter den Tisch, die gar nicht so recht in unser Weltbild passen und den Duktus der Rede sehr verändern: Sie verweisen durchaus auf andere Absichten Shakespeares als jene kurze Empathiepassage, die uns so tief beeindruckt. Thomas Morus macht sein eigentliches Ziel nämlich sehr deutlich: Es geht ihm gar nicht so sehr um die Flüchtlinge selbst oder um ihr Leid und ihr Schicksal; es geht ihm vor allem um die Niederschlagung eines Volksaufstandes, der die staatliche Ordnung erschüttert und zum Bürgerkrieg werden könnte. Vorrangiges Ziel der Rede ist es, den aufgebrachten Mob wieder zum untertänigen Gehorsam gegenüber Obrigkeit und König zu bringen; sein Bemühen ist, die gottgegebene Ordnung im Staat zu bewahren. »Übt, übt Gehorsam!« ruft er den Aufrührern als eigentliches Motto seiner Umstimmungsrede entgegen.

Die Morus-Rede steht in einer Reihe von Szenen anderer Shakespeare-Stücke, in denen ein einzelner eine aufrührerische Volksmenge rhetorisch manipuliert und umstimmt – offenbar eine Spezialität Shakespeares, die sich bei keinem anderen Autor der Zeit vergleichbar findet. Dazu gehören die Szene im *Coriolan*, in der Menenius die rebellierenden hungernden Bürger zum Niederlegen der Waffen überreden will; die große Ordo-Rede in *Troilus und Cressida*, die etwa zeitgleich neben dem Thomas-Morus-Einschub entstand und den umgekehrten Fall behandelt: Da versucht der listenreiche Odysseus im lethargischen Haufen der Griechen den schlaffen Kampfgeist rhetorisch neu zu entflammen. Und insbesondere sein Jahre vor *Thomas Morus* verfasstes Stück *Julius Cäsar* mit der Rede des Brutus und der »friends, Romans, countrymen«-Rede des Marc Anton, die im Morus-Manuskript quasi zitiert wird: Brutus, nach seinem Mord an Cäsar, überzeugt die entsetzte Volksmasse rhetorisch davon, dass der Mord richtig war, und beruhigt sie; Marc Anton gleich darauf mit seiner Rede überzeugt dieselbe Volksmasse, dass der Mord ein Verbrechen war, und verwandelt sie in einen rebellischen Mob. Beides sind große suggestive Umstimmungsreden, die jeweils das wankelmütige, rückgratlose, leicht beeinflussbare, kurzsichtige und etwas lächerlich daherkommende Volk demagogisch manipulieren, bis es glaubt und tut, was der jeweilige Redner sagt und will. Das Mittel dazu ist die Rhetorik: Brutus baut seine Selbstreinwaschung auf dem eingängigen Slogan »Cäsar war machtgierig, aber ich bringe euch Freiheit« auf, während Marc Anton mit dem Refrain »und Brutus ist ein ehrenwerter Mann« arbeitet, der suggeriert, dass Brutus eben *kein* ehrenwerter Mann sei. Beide nutzen rhetorische, dialektische Sprachfiguren – wie auch Thomas Morus.

In der Thomas-Morus-Rede besteht die raffinierte Strategie zur Umstimmung der aufständischen Bürger darin, ihr Selbstbild als Irrtum zu entlarven: Die Bürger verstehen sich als Opfer der Fremden; sie sehen sich selber als Vertreter von Recht und Ordnung, die von König und Obrigkeit nicht mehr durchgesetzt werden; Recht wie Ordnung werden ihrer Ansicht nach von den Fremden mit Füßen getreten; sie wollen beides wiederhergestellt sehen und den Frieden in der Stadt zurückhaben. Morus nun stellt diese Selbstwahrnehmung auf den Kopf und demonstriert den Bürgern das Gegenteil: Nicht die Fremden, so sagt er, die Bürger sind es in Wahrheit, die der Stadt und vor allen Dingen sich selbst den größten Schaden zufügen – *sie* sind die Friedensstörer.

Morus arbeitet dazu mit suggestiven Perspektivwechseln; seine mehrmals variierte Argumentationsfigur lautet

»Stellt-euch-mal-vor-was-wäre-wenn«; er führt den Aufständischen schrittweise vor, was wäre, wenn ihr Handeln zur allgemeinen gesellschaftlichen Verhaltensnorm würde:

> Z. 74–82: Stellt euch vor, damals in eurer Kinderzeit hättet Leute wie ihr solche umstürzlerischen Ziele verwirklicht und die Staatsordnung in Blutbädern ausgehebelt – dann wärt ihr heute alle nicht mehr am Leben, denn keine Staatsmacht hätte euch schützen können. Ihr hättet selber den Schaden. »Was hättet ihr erreicht« – wo ist der Nutzen?

Wäre also das Verhalten der Bürger allgemeine Norm, würde es den Frieden im Staat zerstören und die Bürger wären selbst Opfer der Friedlosigkeit. Die Bürger sind die Friedensstörer. Ihr rebellisches Verhalten nutzt ihnen gar nichts, sondern schadet ihnen selbst an Leib und Leben.

> Zeile 86–101: Stellt euch vor, ihr hättet eure Ziele erreicht und alle Fremden verjagt; was wäre dann? Was wäre der Nutzen? Es gäbe keinen. Es wäre nur die heilige Staatsordnung durch eure Rechtlosigkeit zerstört – und zwar zu eurem eigenen Schaden, denn ohne Ordnung könnte zukünftig nach eurem Vorbild jeder beliebige andere das Recht in die eigene Hand nehmen und seine je eigenen Ziele gewaltsam auch gegen euch durchsetzen, bis aus dem Staat ein Haifischbecken würde, in dem nur das Recht des Stärkeren gilt und jeder jeden frisst – auch euch.

Wäre der Pogromwille der Bürger allgemeine Norm, wäre demnach das Recht zerstört und der Staat als gelähmte Ordnungsmacht unfähig, in der Anarchie die Schwächeren vor der Gewalt der Stärkeren zu schützen. Der Kampf aller gegen alle wäre die unvermeidliche Folge – zum Schaden aller.

Zeile 105–131: Stellt euch vor, wie euer Aufstand aus dem Blickwinkel des Apostels Paulus aussieht, der alle Menschheit vor der Sünde des Ungehorsams gewarnt hat: Ihr begeht die größte aller Sünden, denn ihr führt Krieg gegen Gott. Gott hat dem König seine Herrschaft verliehen und euch die Pflicht zum Gehorsam. Damit ist der König Gott auf Erden. Was ist ein Aufstand gegen den König dann anderes als ein Aufstand gegen Gott, den Allmächtigen? Wer dem König ungehorsam ist, führt folglich Krieg gegen Gott. Wie sehr also schadet ihr mit eurem Aufstand euch selbst, nämlich eurem Seelenheil? Stellt euch das vor … und dann sinkt auf die Knie, tut Buße und gehorcht.

Wären die Bürger nicht blind, würden sie sehen, dass ihr Aufstand gegen den König ein Krieg gegen Gott ist, die größte aller denkbaren Sünden. Sie hätten als Folge den größtmöglichen Schaden – den Schaden an ihrer unsterblichen Seele. Deshalb: Seid klug und übt Gehorsam.

Zeile 138–159: Und als letzte, kulminierende Argumentationsfigur, mit einer suggestiv versteckten Drohung eingeleitet: Wenn ihr tut, was ihr vorhabt, wird der König euch wegen Hochverrats bestrafen (bekanntlich hängen, ausweiden und vierteilen); aber stellt euch mal vor, er würde euch in seiner ganz unangemessenen Milde nur mit Verbannung strafen – wohin würdet ihr dann flüchten? Welches Land würde euch Mordbrennern Schutz gewähren? Ihr wärt dort selber verjagte Fremde. Würde es euch gefallen, dann so barbarisch und brutal behandelt zu werden, wie ihr die Fremden hier behandelt? Was würdet ihr denken, wenn man an euch so handeln wollte, wie ihr an andern handelt?

Erst beim allerletzten Argumentationsschritt verwendet Morus die Goldene Regel – und auch sie wird vom Damoklesschwert der fälligen Bestrafung überwölbt und dem Gesichtspunkt des drohenden Schadens, den die Bürger demnächst selber zu tragen haben werden, wenn sie rebellieren. Morus' Argumentationskette ist gekennzeichnet durch ihre klar zweckorientierte Moral, die immer zuerst nach Nutzen und Schaden fragt und wertet: In jedem Punkt wird vor allem auf den eigenen Nachteil verwiesen, den die Bürger als Konsequenz ihres Verhaltens hinnehmen müssen; deswegen ist ihr Verhalten abzulehnen. Was Morus antreibt und was ihn bewegt, ist nicht so sehr Erbarmen mit oder Sorge um die Flüchtlinge; sie erscheinen nirgendwo als Motiv und Antrieb seiner Rede, so wenig wie ein selbstzweckhaft aufs Humanitäre gerichteter Wille. Kern seiner Argumentation ist utilitaristisch das Nützlichkeitskalkül – die *Konsequenzen* des Bürgerverhaltens werden in Abwägung von Vor- und Nachteil bewertet; diese sind dann der Maßstab für die Bewertung des Verhaltens. Morus vertritt weniger eine altruistische denn eine pragmatische, »konsequentialistische« Nützlichkeitsethik, indem er an die rebellierenden Bürger appelliert, durchaus eigennützig die Nachteile zu bedenken, die ihr eigenes Verhalten nach sich zieht – um ihres eigenen Wohls willen. Das finden sie, laut Morus' Rede, einzig und allein in der Bitte um Gnade und im knienden Gehorsam vor Obrigkeit, König und Gott – keine Rede mehr vom Leid der Flüchtlinge oder den Klagen der Bürger. Es geht um Morus' erfolgreiche Handhabung der Bürgerkriegssituation als Krisenmanager.

Jurist Morus beschwört zwecks Aufrechterhaltung der Staatsräson argumentativ die mittelalterliche Idee des königlichen Gottesgnadentums, gegen das der Lynchmob sich zu vergehen im Begriff sei: Empörung gegen den König und sein Gesetz ist Empörung gegen Gott und die göttliche Weltordnung – die tödlichste aller denkbaren Sünden, das ultimative Verbrechen. Morus fährt damit schweres Geschütz auf: Es ist ein unerträglicher Vorwurf für den Gläubigen in religiös eisern überformter Welt. Morus' Auftritt überbringt damit exakt jene politische Drohbotschaft, welche den Bürgern mit der staatsoffiziellen Mahn- und Lehrpredigt *Homilie agaynst disobedience and wylful rebellion (Predigt gegen Ungehorsam und mutwillige Auflehnung)* in allen Kirchen als Staatsdoktrin der Tudor-Monarchie allsonntäglich eingehämmert wurde: »dass solche Untertanen, als da ungehorsam und rebellisch gegen ihre Fürsten sind, Gott ungehorsam sind und ihr eigene Verdammnis bewirken«. Ungehorsam und Rebellion gegen den König sind Hochverrat, Aufstand gegen den König ist Aufstand gegen Gott. In diesem thematischen Kontext ist Morus' Mitmenschlichkeitsappell das letzte rhetorisch eingesetzte Mittel zum eigentlichen strategischen Zweck: im Aufruf zum Gehorsam einen zerstörerischen Volksaufstand gegen König und Staat abzuwenden.

Es ist nun nicht so, dass Shakespeare, der Autor des über Staat, Gott und Welt grübelnden *Hamlet*, solcherlei offizielle Propaganda und Staatsdoktrin selber brav geschluckt und literarisch wieder ausgespuckt hätte, ganz im Gegenteil: Shakespeare nutzt solche pathetischen Ordo-Reden immer wieder, um bewusste Volksbeeinflussung und -indoktrinierung durch die Mächtigen vorzuführen und die Ordo-Ideologie dadurch in Frage zu stellen, dass er den jeweiligen Ordo-Vertreter aus hintersinnigen Motiven handeln lässt, die durchaus nicht mit den edlen Worten übereinstimmen müssen. Hier nun scheint – sofern man über dieses Stück aus vielen Federn spekulieren darf – Shakespeares eigenes, eigentliches Thema berührt zu sein: Staat und Gehorsam.

Die ursprüngliche Rede des Thomas Morus, die vermutlich Hauptautor Anthony Munday verfasst hatte, ist im Manuskript nicht mehr enthalten. Shakespeares Szene stellt eine Überschreibung der offenbar ungenügenden alten mit einer neuen Rede dar – Shakespeare hatte solche Massenszenen mit Umstimmungsrhetorik ja nun schon mehrmals erfolgreich verfasst, und es ist nicht ausgeschlossen, dass die Autoren Munday und Chettle mit ihrem missratenen Werk genau deswegen die Hilfe des Spezialisten Shakespeare suchten. Wir wissen nicht, wie Munday sich die Szene dachte und warum er seine eigene verwarf und was Shakespeare inhaltlich alles verändert hat, aber offenbar hat Shakespeare die Figur Morus thematisch neu und prägnant akzentuiert – seine brillante Szene sitzt nämlich so quer im übrigen schlichten Manuskripttext, dass der Doyen der englischen Shakespeare-Wissenschaft, Stanley Wells, schon mal spekulierte, ob Shakespeare den Rest des Manuskripts wohl überhaupt je gelesen habe.

Indem er Thomas Morus dezidiert zu einem Vertreter des königlichen Gottesgnadentums und der offiziellen Tudor-Staatsdoktrin macht und die Frage des geschuldeten Gehorsams motivisch in den Vordergrund rückt, gibt Shakespeare das Thema vor, das zum eigentlichen Kern des Stückes hätte werden können: Morus, der in der *Ill May Day*-Episode die Empörung gegen den Willen des Königs zur Sünde erklärt, wird diese Sünde nämlich später selbst begehen, wenn er sich dem Recht und dem Willen des Königs in der Protestantismusfrage und der Trennung von Rom widersetzt und sich weigert, den Suprematseid abzulegen – und damit das Recht in die eigenen Hände nimmt. Morus wird später selber »dem trotzen, den Gott höchstselbst berief«, mit der Begründung, dass er erst Gottes, dann des Königs Diener sei – und er wird dafür mit seinem Kopf bezahlen. Es ist eine spannende Konstellation: Ein katholischer (in seinem *Utopia*-Roman geradezu frühkommunistischer) Humanist, der staatskonform Königs- und Gottesgehorsam predigt, zum Schluss als Verweigerer des Königsgehorsams lächelnd aufs Schafott steigt und – nur noch Gottes katholischer Sache streng gehorsam – zum Märtyrer des Glaubens wird, und all das erzählt in religös zerrissener, protestantischer Welt: eine komplizierte Gemengelage, eine vielschichtige Figur. Shakespeare könnte auf ein Narrativ mit komplexen Themenspiegelungen hingedacht und -gearbeitet haben, kontroverser und widersprüchlicher als das bieder oberflächenbiographisch erzählende Stück seiner Kollegen. Es hätte eine Reflexion werden können, die vielleicht von Staatsdoktrin, von weltlichem und von göttlichem Recht, von Recht und Unrecht und richtigem und falschem Gehorsam sowie *Un*gehorsam handelt – ein rechtsphilosophisches Drama wie *Maß für Maß*. So, wie es ist, haben wir nur eine kuriose Skizze – und einen erstaunlichen Einblick in die Welt elisabethanischer Dramenschreiber.

Frank Günther
Rot an der Rot, im Juni 2016

ANMERKUNGEN

Zu Shakespeares Verfasserschaft: Das anonyme, tatsächlich handschriftliche Manu-Skript ist als unvollendetes Arbeitsmanuskript mehrerer Autoren unordentlich, vorläufig und dazu noch beschädigt, voller Änderungen und Umstellungen aus verschiedenen Bearbeitungsschichten. Es weist fünf verschiedene Handschriften (A bis E) auf sowie handschriftliche Anmerkungen des damaligen Zensors Sir Edmund Tilney, der im Text politisch Missliebiges herausstrich. Die Entzifferung und Zuordnung der einzelnen Handschriften zu den Autoren Anthony Munday, Henry Chettle, Thomas Dekker, Thomas Heywood und William Shakespeare als Autoren des anonymen Textes ist eine Großleistung vereinten philologischen Scharfsinns. (Anthony Mundays Stückanteil, »Handschrift C«, liegt nicht in Munday-Handschrift vor, sondern wurde offenbar von einem nicht identifizierten professionellen Scriptor nach einer Vorlage Mundays transkribiert.)

Die Untersuchungsmethoden, mit denen Shakespeare als Verfasser identifiziert wurde, sind so komplex und spezialisiert, dass sie sich der Beurteilung und Bewertung durch einen Laien weitgehend entziehen – auch der des Herausgebers dieses Bandes: Er kann darüber nur referieren und den umfassenden Konsens der Fachwissenschaftler als Ergebnis akzeptieren. Es handelt sich dabei im wesentlichen um Erkenntnisse der Paläographie und Graphologie, die die Identität von Shakespeares erhaltenen sechs Unterschriften mit der Schrift der Handschrift D belegt haben, sowie um Forschungen der linguistischen Statistik *(stylometric analysis)*. Dank des heute verfügbaren, elektronisch durchsuchbaren Datenbankbestandes, der zum Beispiel in EEBO (Early English Books Online) sämtliche englischen Druckerzeugnisse von 1473 bis 1700 bereitstellt, konnten Orthographie, Stil und Wortgruppen-Häufung *(word-cluster)* umfassend analysiert und abgeglichen werden; verschiedene Studien verweisen kumulativ und statistisch signifikant auf Shakespeare als Autor. Zum Einsatz kamen ebenso mathematische Methoden der »forensischen Linguistik«, die in der Kriminalistik zur Analyse von Bekennerschreiben, schriftlichen Geständnissen, Abschieds- und Erpresserbriefen oder Plagiaten dient wie auch zur Identifikation anonymer Autoren. Keine dieser Methoden führt zu einem *Smoking gun*-Ergebnis, das für sich alleine Shakespeares Verfasserschaft vollumfänglich beweisen könnte – es ist die Summierung der statistisch signifikanten Einzeluntersuchungen, die in infinitesimaler Annäherung zu einer Gewissheit über Shakespeares Verfasserschaft der Morus-Szene wurde. Mit der Benennung der Passage als originaler Shakespeare-Handschrift durch die British Library wurde gewissermaßen der offizielle Authentizitätsstempel unter einen Text gesetzt, der bereits seit Jahren in allen großen Shakespeare-Editionen als »Shakespeare« geführt wird.

Als historische Quellen für den *Ill May Day*-Aufstand nutzte das Autorenkollektiv Edward Halls *The Union of the two Noble and Illustre Families of Lancaster and York* von 1548, Raphael Holinsheds *Chronicles of England, Scotland, and Ireland* von 1577/1587 sowie die populäre Ballade *The Story of Ill May Day in the time of King*

Henry VIII. and why it was so called and how Queen Catherine begged the lives of Two Thousand London Apprentices. In die Argumentation des Thomas Morus zur Beschwichtigung der Bevölkerung floss mutmaßlich Matthew Parkers Mahnpredigt *Homilie agaynst disobedience and wylful rebellion. Certain sermons or homilies appointed to be read in churches* von 1571 ein.

Als Textgrundlage für die Übersetzung wurde verwendet *The Arden Shakespeare Sir Thomas More*, hrsg. von John Jowett, London/New York 2011.

Eckige Klammern bei Szenenanweisungen im englischen Text bedeuten, dass es sich hier um Zutaten der Herausgeber handelt.

16 Titel: *Scene 6* Die Arden-Ausgabe trifft keine Akteinteilungen, sondern numeriert die Szenen durch; in anderen Ausgaben *mit* Akteinteilung stammt der Text aus II,4. – Z. 2: *Harry groat* kleine Silbermünze im Wert von etwa 4 Cent, geprägt in der Zeit Heinrichs VIII. Die Übers. verwendet hier wie in der Folge möglichst neutrale Münzbezeichnungen. – Z. 3: *bushel* Maßeinheit für Getreide, entspricht dem »Scheffel« (ca. 35 Liter). Weizenpreise stiegen Ende des 16. Jhs. steil an, ebenso wie die Butterpreise. Die Teuerung ist Anlass für den Aufstand. – Z. 3: *nobles* Goldmünzen. – Z. 7: *argo* bei Shakespeares Proletariern übliche Verwechslung mit »ergo«. – Z. 10: *troy weight* Gewichtsstandard, wie in Troyes in Frankreich; warum hier erwähnt, ist unklar; wirre Bemer-

kungen aus einer Volksmenge sind bei Shakespeare zu deren ironischer Charakterisierung üblich. – Z. 11–21: *strange roots ... pumpkins* Wurzelgemüse, vor allem Pastinaken, und Kürbis wurden neuerdings aus Spanien und Portugal von den ausländischen Händlern nach England importiert, ebenso wie die entsprechenden neuen Anbaumethoden. – Z. 14: *sore eyes* Gemüse war wenig beliebt im Fleischesserland England und wurde für manche Krankheiten verantwortlich gemacht. Viele wilde Gerüchte rankten sich um die neuen Lebensmittel der Fremden. – Z. 17: *bastards of dung* »Bankerte des Mists« – man nahm an, der Dung zeuge die Pflanzen. Düngung mit Fäkalien (wozu man auch die menschlichen nahm, die überall die Straßen verdreckten) war eine Neuerung. – Z. 18 f: *infection will make the city shake*: vermutlich doppelsinnig: »wird noch die ganze Stadt anstecken / wir werden die Stadt zittern lassen«.

18 Z. 24: *upon th' hip* redensartlich, etwa »aufs Kreuz legen«, »in den Schwitzkasten nehmen«, »unversehens überrumpeln«. – Z. 29: *prentices* eigentlich »Lehrlinge«, aber nicht deckungsgleich mit dem heutigen Begriff (ein Lehrling blieb unter Umständen bis zum 27. Lebensjahr Lehrling). Die Handwerkergilden waren auch die treibende Kraft hinter den Aufständen. – Z. 33: *Friends, masters, countrymen* erinnert an *Friends, Romans, countrymen, lend me your ears* aus Shakespeares *Julius Caesar*, III,2,73; *masters* Shrewsbury nennt, im Gegensatz zu Lincolns »Lehrlingen«, scheinbar respektvoll, aber anschleimend, die Handwerker »Meister«.

20 Z. 49: *bank of their obedience* ein Fluss tritt über die
    Ufer (des Gehorsams) und reißt alles mit sich fort;
    ein Sprachbild, das Shakespeare wiederholt für »Re-
    bellion« verwendet, vgl. *Troilus and Cressida*, I,3, und
    Coriolan, III,1. – Z. 51: *Shrieve* der »Sheriff«, als ein-
    silbiges Wort. – Z. 53: *shrievaltry* eigtl. *shrievalty;*
    signalisiert vermutl. eine komisch falsche Aussprache
    durch Doll. – Z. 54: *Watchins* ein humorig »sprechen-
    der« Name. – *Sergeant Safe* unklar; offenbar ein nie-
    derer Dienstgrad eines kleinen öffentlichen Amtes. –
    Z. 55: *yeoman* Dienstgrad unterhalb eines Sergeanten.
22 Z. 70: *by th' mass* eigtl. »bei der Messfeier«, ein ver-
    mutlich sinnentleertes Sprachüberbleibsel aus katho-
    lischer Zeit. – Z. 71: *housekeeper* komisch-falsche
    Wortverwendung, meint eigentlich eine »Haushälte-
    rin«. – Z. 75: *Not one of you here present* – ein (ver-
    sehentlich?) abgebrochener Satz. – Z. 80: *state of men*
    das Erwachsenenalter. – Z. 87: *majesty* Arden para-
    phrasiert: »Würde des Staates, königliche Autori-
    tät«. – Z. 88–90: *wretched strangers ... transportation*
    wörtlich aus Thomas Morus' *Utopia* übernommen
    (C7v); dort werden allerdings *englische* Flüchtlinge
    beschrieben: Landpächter, die von ihrem Land ver-
    trieben werden.
24 Z. 93: *ruff of your opinions* der gestärkte Hemdkra-
    gen, wie Adlige ihn trugen, als Bildsymbol für arro-
    gante Hochnäsigkeit. – Z. 98: *ruffians* das Wort *ruff*
    aus Z. 93 wird wiederholt. – Z. 108: *innovation* Rebel-
    lion, Aufstand. – Z. 110: *obedience to authority* vgl.
    Römer 13,1–2: »Jedermann sei untertan der Obrig-
    keit, die Gewalt über ihn hat. Denn es ist keine Obrig-

keit ohne von Gott; wo aber Obrigkeit ist, die ist von Gott verordnet. Wer sich nun der Obrigkeit widersetzt, der widerstrebt Gottes Ordnung; die aber widerstreben, werden über sich ein Urteil empfangen.«

26 Z. 128–130: *To kneel ... riot* Reue und Bitte um Gnade werden als seelischer Kampf zwischen Gut und Böse verstanden, wie keinen besseren die sündigen Rebellen je führen könnten, die nur Empörung als Kriegshandwerk kennen. – Z. 133–138: *What ... rebel?* etwas diffuser Sinn, unklar, wer jeweils mit »*rebel*« gemeint ist; die Übers. interpretiert *proclamation* als eine Art »Selbsternennung«, »Selbstkrönung«, »Amtsanspruch«. – Z. 137: *addition* Titel, Ehrenname.

28 Z. 143: *come to short of* etwa: zu milde reagieren auf, nicht heranreichen an euern Übergriff. – Z. 160–161: *Let's do ... done by* vgl. Lukas, 6,31: »Und wie ihr wollt, das euch die Leute tun sollen, also tut ihnen gleich auch ihr« und Matthäus 7,12: »Alles nun, was ihr wollt, dass euch die Leute tun sollen, das tut ihr ihnen auch.«

30 Z. 165: *noble gentlemen* Shrewsbury und Surrey, die Einfluss bei Hof und beim König haben. – Z. 168–169: *mercy ... seek* vgl. Matthäus 7,7: »Bittet, so wird euch gegeben; suchet, so werdet ihr finden; klopfet an, so wird euch aufgetan.«

INHALT

Von Frank Günther sind bei <u>dtv</u> erschienen:
Shakespeares Wort-Schätze (28023)
Unser Shakespeare (14470 und 26001)
Shakespeares Hauptwerke. 22 Bände
in zweisprachigen Ausgaben. Herausgegeben
und übersetzt von Frank Günther

Ausführliche Informationen über
unsere Autoren und Bücher
www.dtv.de

Deutsche Erstausgabe
2. Auflage 2016
© dtv Verlagsgesellschaft mbH & Co. KG, München 2016
Umschlaggestaltung: Katharina Netolitzky/dtv
Gesetzt aus der Stempel Garamond
Satz: Gaby Michel, Hamburg
Druck und Bindung: Druckerei C.H. Beck, Nördlingen
Gedruckt auf säurefreiem, chlorfrei gebleichtem Papier
Printed in Germany · ISBN 978-3-423-14555-8